Enfer et Paradis

Recueil réalisé par Thomas Pilla, il s'agit d'un regroupement de textes purement fictionnel dans lequel chacun est libre de s'identifier.

Enfer et Paradis :

Tu m'as vendu le paradis,
Plein de flammes et d'envie,
Tu m'as brisé ma carapace d'acier,
Que j'ai mis des années à forger.
Apprends moi à aimer,
Apprends moi à gagner,
Apprends moi à manipuler.
Je découvre les limites de mon univers,
Grâce à toi.
Je découvre qu'en moi c'est toujours la guerre,
Suis-je idiot de t'aimer ?
Apprends moi le sens de la fête,
Apprends moi à gagner,
Apprends moi à manipuler.
Mais j'ai probablement envie de perdre,
La vie est loin de la jouer fair-play,
J'aimerai pour une fois un peu de légèreté,

Laisse-moi, il est temps pour moi de tout arrêter.
Tu m'as vendu le paradis,
Une prison dorée,
Je passe pour le mec bien,
Celui qui ne faut pas toucher,
Mais un mensonge détruit si bien,
Un mensonge fait tout basculer,
Je regarde nos deux mondes se croiser,
J'aimerais pouvoir t'aimer.

A contre courant :

Parfois je me perds dans l'océan,
Je nage au milieu de la mer,
De tous ces gens.
Excuse-moi si je m'enfuis en courant,
Je suis à contre sens,
A contre courant,
Je me bats contre le temps.
Et demain ? Pourrait bien être le dernier,
Et demain, nos rires nos joies,
Peuvent s'arrêter.
Mais je m'en fous de tout ça,
Moi, ce que je veux, c'est toi.
Excuse-moi, je ne suis pas dans l'ère du temps,
Je ne suis pas les règles,
Je vais à contre courant,
On a pas le temps.

Et demain ? Pourrait bien être le dernier,
Il y a temps de chemin qu'on a pas
empruntés,
Et demain, nos rires, nos joies,
Voudras-tu toujours de moi ?
Un instant, je te regarde, et le temps
s'arrête,
Ton sourire me transperce, moi qui me
pensais être de glace.
Un instant, je ferme les yeux, plus rien
n'a d'importance, juste nous deux.
Je ne suis pas les règles,
Je vais à contre courant,
On défi le temps,
On défi les rêves,
Ensemble on s'élève.

Réalité :

Le monde actuel me rend triste,
Je suis comme perdu entre deux
univers,
J'ai du mal à trouver ma place,
J'aimerais juste laisser ma trace,
Mais le monde semble tourner bien rond
sans moi.
Plus j'essaye de me rapprocher,
Plus ton monde s'éloigne du mien,
Et moi je continue malgré tout de
t'aimer,
Peut être pour rien.

Un monde moins con :

Des fois j'ai le cerveau en fusion,
Des tas de pensées qui se mélange,
Avec un tas d'émotions.
Tu me fais redécouvrir la vie,
Avec ces joies, ces peines,
Bref des choses que je pensais
endormis.
Tu m'ouvres les yeux, vers un monde
meilleur,
Où on trouve moins de cons,
Loin de la méchanceté,
Tu m'ouvres les yeux, vers ton monde à
toi.
Quand j'y pense, je voudrais être ton
pilier,
Une épaule solide, vers qui te confier,
Quand j'y pense, je ne sais pas si tu
liras cela un jour,

Tout ce que je sais c'est que tu es
entrée dans ma vie.

De l'ombre à la lumière :

On t'a pris tes ailes pour t'empêcher de
voler,
Seul tes rêves te permettent de t'évader,
Le monde sombre dans un chaos,
Le temps, lui, s'écoule.
On t'a pris tes rêves, pour t'empêcher de
parler,
Seules tes pensées sont sauvegardées,
Le monde sombre dans un chaos,
Seul un écho t'empêche de tout
exploser.
Et dans les décombres de ce monde,
Il reste une lumière, des gens prêt à
t'aimer,
A te faire découvrir que tout n'est pas à
jeter,

Ton temps n'est pas encore révolu.
On t'a pris tes ailes et tes rêves,
On t'a fait goûte au chaos d'un univers
qui n'est pas le tiens,
Mais ta place est dans la lumière,
Pas dans l'ombre de ces gens malsains.

Feuille morte :

Parfois le monde tourne pas rond,
Il n'y a plus de trace d'amour,
Les gens bien partent pour suivre leur chemin,
Je ne sais plus qui je suis,
Si je fais les bons choix,
J'ai juste besoin d'une nouvelle direction,
Mais ce que j'avais fini par oublier revient.
Les gens me donnent leur force,
Les gens me donnent du courage,
Les gens m'encouragent,
Mais je me sens comme une feuille morte,
Tombant d'un arbre.
La vérité c'est que j'ai peur de la fin,
Peur du silence,
Peur de ton absence.

La vérité, c'est qu'il y a une infinité de monde entre toi et moi,
Dès que je crois t'atteindre,
D'autres mondes se dressent entre toi et moi,
La vérité, c'est qu'il y a une infinité de monde entre toi et moi,
J'aimerais trouver un chemin pour n'être qu'à toi.

Les promesses :

La vie est une belle prison, dans une belle maison,
On se pense à l'abri derrière des murs de crépis,
Loin des mensonges d'un monde qui se détruit,
La vie est une belle leçon,
Plein de bonnes intentions,
Jette toi d'un pont, certains suivront !
Jette toi d'un pont, certains suivront !
On nous parle d'un paradis, perdu depuis longtemps,
On nous parle des problèmes de la rue,
Mais personne ne se décide à bouger.
On se pense à l'abri dans nos cartons,
Nous sommes plein de bonnes intentions,

Les gens critiquent, parlent, on dirait
qu'il n'y a une pénurie de glace chez
eux,
Tout sonne vide et creux.
Mais la vie est parfois belle aussi,
La vie n'est pas toujours comment je la
décris ici,
Le temps ne nous attend pas,
Les années passent et on devient plus
vieux,
On apprend de nos erreurs ?

Un murmure :

J'aimerai trouver l'inspiration,
Être ton souffle,
Partagez tes émotions,
Vivre nos rêves de gosses.
J'aimerai être la pluie sur ton visage,
Cette mélodie que tu écoutes,
Être une pensée, juste une pensée,
Et ne plus quitter ta tête.
J'aimerai arrêter d'écrire,
Et partir dans du concret,
Qu'on arrête de se mentir,
Qu'on se laisse aller.
Mais en vérité j'en fais trop,
Tu mérites mieux que moi,
En vérité, je ne suis qu'un murmure au loin,
Mais qui ne peut que t'aimer toi.

Sans dessus dessous :

J'ai le sang sans dessus dessous,
Et mon temps lui n'est plus sûre du tout,
Je compte à rebours,
J'ai le sang sans dessus dessous,
Tout déconne en moi,
Je ne réfléchis plus,
Je me perds dans le froid.
Mon temps n'est pas révolu,
Je n'ai pas le temps pour cela,
Voudras-tu encore de moi ?
Même si tout déconne en moi ?
Je perds pied, donne moi la main,
Je refuse de me noyer.
J'ai le sang sans dessus dessous,
Mais tout n'est pas perdu,
Il y a encore du temps,
Je ne suis pas seul, car tu es là.

Exister et essayer :

Je me couche sur la route, espérant ne
faire qu'un avec,
J'embrasse le concret,
Et j'apprends de mes erreurs,
On va pouvoir faire mieux les choses
dorénavant,
On va pouvoir faire mieux les choses.
On se plante tous à un moment,
Cela nous empêche pas d'essayer
quand même,
On apprends de nos erreurs,
On atterrit en douceur.
Mais on ne peut effacer les choses
qu'on sait déjà,
Il y a des choses qui ne passent pas,
Mais il ne faut pas avoir peur de
demander de l'aide à quelqu'un,
On y arrivera.

Je me couche sur la route, j'entends le train qui passe,
J'espère que le temps s'arrêtera,
Même si demain tout ira mieux.

Musique sans paroles :

Il y a des silences qui chantent,
Des musiques sans paroles,
Des actes cachés,
Il est tant de réaliser,
La portée de nos actes.
La place de premier est loin devant,
Il refuse de chuter,
La fatigue commence à se ressentir,
Mais il n'a peur de rien,
Il est le meilleur des derniers.
La place de premier est loin devant,
Il refuse de chuter,

La fatigue se fait ressentir,
Mais il n'a peur de rien,
Il court pour l'éternité pour la place du meilleur des derniers.

Nos mensonges finiront par être révélés,
On s'élèvera bien plus haut qu'une infinité,
On s'élèvera,
On atteindra tous les sommets.

On a tous besoin d'une étincelle de vie,
De bras pour nous tenir,
On a tous besoin d'une étincelle de vie,
Même dans la chute on peut gagner.

Un monde sans toi :

Le monde ne serait pas le même sans
toi,
Bien sûr il y aurait toujours un univers,
Mais aucune étoile qui ne mériterait
d'être regardée.
Le monde ne serait pas le même sans
toi,
Bien sûr il y aurait de la poésie,
Mais aucun amour véritable.
Le monde ne serait pas le même sans
toi,
Bien sûr il y aurait des célébrations,
Mais sans aucun soleil pour les
illuminer.
Le monde ne serait pas le même sans
toi,
Bien sûr il serait peuplé d'être vivants,
Mais perso je m'en fous des gens.

Le monde ne serait pas le même sans toi,
Bien sûr il y aurait de la joie,
Mais que des jours de pluie, rien de vivant.
Le monde ne serait pas le même sans toi,
Bien sûr tu n'es pas la seule femme sur terre,
Mais tu es le soleil de mon petit univers.
Le monde serait là et encore heureux,
Mais mon monde sans toi ne vaut pas plus qu'une histoire sans fin heureuse.

A la dérive :

Je suis une étoile perdue, à la dérive,
Je me perds dans l'espace infini,
Entre l'enfer et le paradis,
Je suis une étoile perdue, à la dérive,
Ma lumière vacille, aspirer dans le néant,
Entre l'enfer et le paradis.
On me prends pour une divinité,
Mais je suis un caillou à la dérive,
Dans l'infinité de l'univers.
Je suis une étoile perdue, à la dérive,
Je me détruis petit à petit,
Toujours rempli de lumière, entre l'enfer et le paradis.
Je veux retrouver ma planète, retrouver ma galaxie,
Être l'objet d'une conquête,
Ou d'un vœu quelque part ailleurs.

Ma lumière s'éteint, je n'ai plus d'âme,
Je suis un trou noir sans fin,
Dévastant tout sur mon passage,
Je suis pas plus grand qu'un grain,
Mais un puits de chaos,
Détruisant l'infini.

La grande question :

Pourquoi toi ?
C'est la grande question,
Aussi grande que celle de l'univers,
Pourquoi toi ?
Il y a tellement d'autres personnes,
Impossible à comprendre,
Tu es un mystère.
Pourquoi toi ?
On est pas si similaire,
Mais on a l'air de se plaire.

Pourquoi toi ?
Tu chamboules ma vie,
Tu es un festival de rock,
Un ascenseur émotionnel.
Pourquoi toi ?
Encore une question,
Mais quand arriverons nous aux réponses ?
Tu es une grande question,
Un grand mystère,
Une incompréhension,
Un double sens,
Mais tout ce que je sais, c'est que c'est toi.
Tu es peut-être une question,
Mais tu es la raison de mon sourire chaque jour.

Zéro :

On devrait tous un jour essayer d'aimer,
On peut se sentir mieux après cela,
Mais la guerre et le profit sont les
maîtres mots,
On a plus le temps, on approche du
zéro.
On a tous tort un jour,
Mais cela ne veut pas dire qu'on ne doit
pas essayer,
On peut se sentir mieux après cela,
Mais laissons nous aimer une dernière
fois.
Il y a des passions qu'on explique pas,
Des choses que notre cœur contrôle
pas,
Fait moi la guerre je te donnerai la paix,
Donne-moi ta haine, je te ferais espérer.

On devrait tous un jour s'aimer,
On peut se sentir mieux après cela,
On a assez d'ennemi,
On a plus le temps, notre compteur frôle
zéro.

La combinaison du cœur :

Si j'arrivais à déchiffrer ton cœur un
jour,
Me donneras-tu le code ?
Si je saute dans l'inconnu,
Me suivras-tu jusqu'au bout ?
Tu es une passion, débordante
d'affection,
Un monde inconnu, viens partons,
Je te l'écris tout le temps,
On peut battre et détruire ce qui nous
perturbe.

Ne serait-il pas temps de tout changer ?
On peut détruire tout ce qui nous
perturbe pour avancer,
On est ensemble dans le grand inconnu.
Si je déchiffre la clé de ton âme,
Me feras-tu une place dans ton cœur ?
Si je saute dans l'inconnu,
Me suivras-tu ?

La chute :

Je tremble de peur au fond de moi,
Je pensais que tu n'existais pas,
Jusqu'à ce que je t'héberge en moi.
Tu me tues à petit feu,
Mais promis je vais mieux.
Je me mens à moi-même,
Me persuadant que tout va bien,
Au fond de moi je pleure,
J'aimerais qu'on me tienne la main,
Je ne réalise pas bien.
J'ai construis une forteresse dans mon cœur,
Pour me protéger,
Je ne dors pas bien la nuit,
Peur de replonger.
Je tremble de peur au fond de moi,
Je joue les gros bras,
Mais je ne suis qu'un petit garçon,
Je ne veux juste qu'un peu d'amour,

Et arrêter de me sentir déconner.
Mais la vie est belle et géniale,
Bien que compliquée,
La vie n'est pas qu'une chanson triste
que tout le monde connaît,
Parfois faut juste changer la mélodie,
Et sourire à la vie.
La vie n'est pas qu'une chanson triste,
Arrêtons de faire semblant,
On peut tout changer et ne pas tout
gâcher.

Le mythe :

Il n'y a pas de soleil sans pluie,
Il n'y a pas d'étoiles sans soleil,
Il n'y a pas de pluie sans nuage,
Il n'y a pas d'amour sans tristesse,
Pas de mort sans la vie.
Il n'y a pas d'avant sans l'après,
Mais il n'y a pas de vie sans toi dedans,
Tu peux le croire ou pas,
Nous ne sommes que des individus,
A la recherche de quelque chose qui a
un sens,
Le mythe du ils vécurent heureux à
jamais.
J'espère juste pouvoir voir la suite,
J'ai peur d'y croire,
Oseras-tu y croire ?
Car j'ai peur d'y croire et de me tromper.

La plus belle des fleurs :

J'écris toute la nuit, pour trouver un texte
digne de toi,
Une mélodie ou une chanson, un truc
pas trop ringard,
Je me dis que tu es comme une jolie
rose, ou un lys,
La plus belle des fleurs.
Je cherche des rimes mais je n'en
trouve pas,
Tu es au cœur de tous mes textes,
Dans tous les mondes infinis que je
créer,
Dans mes histoires les plus joyeuses.
Je me dis pourquoi je t'écris ?
Surtout si tu ne vois pas mes textes,
Mais tu restes dans ma tête quoique je
fasse,
Tant pis si j'y reste.
Je n'ai jamais été aussi motivé,

Juste pour que quelqu'un un jour lise
mes textes,
Même ceux dont je suis le moins fier,
Mais tu me motives comme jamais,
Tu te demandes toujours ce "pourquoi
toi ?"
Parce que ça sera toujours toi,
Il n'y a aucune réponse à cela.

In pieces :

Le fais-tu exprès ?
Tu me brises en morceaux,
Tu es un éléphant dans un magasin de porcelaine,
Tu me brises en morceaux.
Je t'ai aimé comme jamais,
Je t'ai été dévoué,
Mais la vie m'a rattrapée.
Le fais-tu exprès ?
Tu m'as pulvérisé en morceaux,
Un astéroïde à pleine puissance,
Le fais-tu exprès ?
Je ne t'ai pas assez donné,
Tu veux ma vie tout entière,
Pour nourrir ton âme torturée.

(In pieces= en morceaux)

La fête :

Regarde ce que tu es devenu,
Perdu dans une fête, plein de confettis,
Les gens sourit sous les effets de
l'alcool,
Comment en es-tu arrivé la ?
Loin de tes vrais amis,
Loin de toi-même ?
Regarde ce que tu es devenu,
Un gars qui fait la tête, qui ne sourit
plus,
Elle t'a remplit la tête de conneries,
Prêchant pour un dieu corrompu,
Et toi tu meurs à petit feu,
Ton cancer gagnera peut-être dans un
mois ou deux.
Regarde ce que tu es devenu,
Il est loin le bonheur, le temps révolu.

Où tu te sentais mieux seul, qu'avec
tous ces gens faux, roi de la
bienséance, de la bonne pensée,
Donne-leur un autre leader à suivre.
Regarde ce que tu es devenu,
Tu t'efforces à garder tes valeurs, alors
que tu cautionnes de te faire plumer,
Et dans tout cela tu ne peux rien dire,
Car tout est normal donc arrête de te
plaindre.
Tu auras beau te plaindre, tu auras
beau râler,
Personne ne pourra rien y faire pour te
sauver,
Alors fuis !

Le prochain coup :

On a tous tort un jour,
Ça ne veut pas dire qu'on a pas le droit d'essayer,
On fera mieux le prochain coup,
On fera mieux le prochain coup.
On s'est tous planté,
On pensait qu'on allait échouer,
A trop chasser nos rêves on s'est perdu,
Dans un océan de merde, on y a tous cru,
Mais il est temps de réaliser,
Que rien n'est perdu,
On apprend de nos erreurs et de ce qu'on y a brûlé,
On sauve nos cœur d'une déception de plus,
Du sentiment d'être des ratés.

Perte de contrôle :

Qu'est ce qui se cache derrière ce joli
regard ?
De quoi as-tu peur ?
Il y a un démon dans mes entrailles qui
fait monter la fièvre en moi,
Dès que je te vois.
Tu fais vibrer mon âme, comment fais-tu
?
Je ne me sens plus maître de moi-
même,
Depuis que je te connais,
Tu prends ce qui te plaît, tu lis en moi
comme un livre ouvert,
Et je n'arrive à rien te cacher.
J'ai un démon au fond de moi depuis
que je te connais,
Il fait monter la fièvre dans mon corps,
Depuis que je te connais,

Mais tu es cet ange qui me fait regagner
le droit chemin,
Je perds mes moyens,
Qu'est ce qui se cache derrière ton joli
regard ?
J'ai envie de t'aimer plus que jamais,
J'arrive pas à le cacher,
Mais j'ai peur de te perdre et de me
perdre en chemin,
J'ai envie d'être à toi à tout jamais.

Parfois :

Parfois, il y a de l'amour,
Parfois de l'amitié,
Parfois, y a de la haine,
Parfois tu voudras pleurer,
Parfois, tu me souris,
Parfois j'essaye de fuir,
Parfois, je me perds.

Parfois, je pense à toi,
Mais tu es plus qu'une amie,
Parfois, tu t'éloignes de moi,
Je n'ai rien compris,
Parfois, je suis à l'aise,
Mais tu me rends timide,
Tu me rends fier,
Tu me rends triste.

Parfois, tu me donnes le sourire,
Uniquement quand je pense à toi,

Je n'avais plus de cœur,
J'en ai un grâce à toi,
Je n'ai plus de peurs,
Juste d'être sans toi,
Parfois, je me sens seul,
Mais seulement quand tu n'es pas là,
Quand ton sourire n'illumine pas mes
étoiles.

Collide :

After we collided,
The sky will fall,
The stars will rise,
The World implode.
After we collided,
Blackholes will grow,
Night sky will show.
You are my star,
You are my star,
I'll make a wish,
Just to see you smile.

Ton monde :

J'ai construis un monde avec mon sang,
Mais le monde sans toi ne vaut rien,
Tu es devenu mon monde,
Et sans toi je ne suis rien.
Il y a des étoiles qui brillent,
Sans lendemain,
Il y a des étoiles qui brillent,
Tu es tombée dans ma vie,
Quand je ne regardais pas le ciel.
Tu es d'un autre monde que le mien,
Mais j'aimerai le rejoindre,
J'aimerai faire parti du tien,
Que tu me laisses entrer,
Mais il est peut être encore trop tôt,
Je ne voudrais pas te faire peur,
J'aimerais que tu sois mon happy
ending,
Mon étoile filante.

Infini :

Il y a des étoiles qui brillent sans
lendemain,
Mais leur lumière ne meurt pas,
Tu as allumé une petite flamme dans
mon cœur,
Et sa lumière ne meurt pas.
Tu me donnes le sourire chaque matin,
Tu fais fondre la glace qui était en moi,
J'aimerai rejoindre ton univers,
Et me sentir prêt de toi.
Tu es une lumière dans mon univers,
L'étoile du matin,
Tu es une lumière,
Qui jamais nc s'éteint.

Le plus joli des mots :

Le monde peut sombrer dans le chaos,
Je suis toujours là,
Le monde peut s'arrêter bientôt,
Je suis toujours là.
La vie est faite de mystère et de mots,
De textes écrits pour toi,
La vie est un livre ouvert,
Où chacun y écrit une histoire.
Le monde peut faire n'importe quoi,
Je suis toujours là,
Notre livre n'est pas toujours beau,
Mais tu embellis mon histoire.
Je serais ton soleil, tu seras mon ciel,
Je serais ton espace, tu seras mon
étoile.
La vie est faite de mystère,
La vie est un livre ouvert,
Dans lequel tu es le plus joli des mots.

A découvert :

Tu es dans chacune de mes pensées,
Dans le rythme des battements de mon
cœur.
Mais parfois j'ai peur au fond de moi,
Je n'ai pas toujours confiance en moi.
Pour toi je me mets à nu,
Je te dévoile mes faiblesses,
J'aimerai te montrer que le monde est
beau,
Car tu le rends beau de part ta
présence.
Mes pensées pour toi sont à découvert,
Parfois j'ai peur de trop en faire,
Mes pensées pour toi sont à découvert.

Lost in the wind :

She is lost in the wind,
She is free like the ocean,
Her smile is like a rainbow,
Chasing the darkest clouds.
She is a flower,
She stings,
Waiting for summer,
To warm her Heart and feelings.
She made me lose my mind,
But even if hardest time will come,
I'll be the one she can count on.
She isn't the easiest to love,
But she is the only one I want.

Un monde à son image :

Parfois le monde est tel qu'il est,
On voudrait chacun le modifier à son
image,
Voir la beauté dans chaque élément
quel qu'il soit.
Mais parfois le monde ne bouge pas,
On vit ce que l'on vit,
On croit ce que l'on croit,
Parfois le monde est beau,
Mais il est surtout cruel.
Tu es rentré dans ma vie,
Par le plus long tunnel,
Tu es rentré dans ma vie.
Mais maintenant tu bois pour oublier,
Tu aimerais trouver quelqu'un qui soit
tout pour toi,
Mais tu nages au milieu d'un océan sans
fond,

Tu peux respirer, je suis sûr qu'il y aura
toujours quelqu'un pour t'écouter.
Touche moi, laisse moi t'aimer,
Ne me laisse pas.

Ton univers d'en haut :

J'espère que la vie sera plus simple
pour toi,
Que le karma t'oubliera,
Car tu mérites d'être aimé.
Oui tu oublies que tu es loin d'être seule,
Oui, il y a une dure loi dans la vie.
Oui le monde est loin d'être juste.
J'ai aimé ton monde, ton univers d'en
haut,
Tu n'es pas la femme la plus simple à
aimer,
Mais qu'importe je t'ai aimé.
J'ai voulu attendre pour ne pas
t'effrayer,
J'ai voulu te comprendre pour te garder,
J'ai voulu te faire sourire pour te guérir,
J'ai voulu t'aimer.

Une bouteille à la mer :

C'est drôle le monde semblait beau,
Je suis maintenant une bouteille à la
mer,
Attendant une nouvelle tempête pour
avancer.
Toi qui me regarde de là haut tu étais où
?
Ça fait des jours que j'attends un signe
de toi,
Faut croire que ce n'est pas le bon
timing pour moi.
Il n'y a rien après la mort,
Le monde lui n'attend personne,
Peu importe les croyances.
C'est drôle le monde semblait si beau,
Je suis maintenant une bouteille à la
mer,
Voguant à travers les vagues,

Attendant la prochaine tempête pour avancer.

Ton roi :

J'aurais pensé devenir ton roi,
Bien avant que la tempête n'arrive,
J'aurais pensé devenir une partie de toi,
J'espère que tu oublieras.
Tu as essayé de me dire ta vérité,
Et je me sens stupide de ne pas l'avoir écouté.
Tu as essayé de me dire ta vérité,
Le monde s'écroule dans nos métaphores,
Mais le pont de la vie est bien gardé.
Il y a une place pour toi dans mon cœur,
Car je t'ai aimé,

Il y a une place pour toi dans mon cœur,
Je m'en fou du chemin que je devrais
emprunter.
Tu as essayé de me dire ta vérité,
Le monde continue de tourner,
J'ai fais le sourd pour ne pas l'écouter,
Je ne suis peut être pas ton coup de
coeur,
Mais je serais toujours là à tes côtés.

Chasser les ombres :

Comment crois-tu passer au travers ?
Tu ne connais personne,
Il est bien loin le temps où tu pouvais
parler à ton dieu,
Personne ne t'écoute.
La lumière de mon espoir est bien trop
loin pour chasser les ombres,
Je n'ai plus de lumière, et me sauver
relèverait du miracle.
J'ai peur de ce qui peut se passer
ensuite,
On pourrait passer au travers de tout
cela,
On a tous des jours de blessures,
On pourrait tellement être mieux.

Le son de la guerre :

Aujourd'hui je n'entends pas le son de la
pluie,
Il y a des bombes dehors, c'est la
guerre,
Des mines jonchent le sol,
Comment veux-tu que je passe au
travers ?
Tu m'as dessiné une carte, un chemin
de petite fleur,
Comme pour adoucir mes craintes,
Mais aujourd'hui je n'entends plus rien,
Juste une explosion,
Ils ont bombardé du côté du quartier du
Japon.
Je vois un champ de rose d'un rouge
intense,
Une voix qui s'éloigne dans la brume,
Avant il y avait des montagnes
immenses,

Maintenant c'est le désert qui est
immense.
Aujourd'hui je n'entends plus le son de
la pluie,
Plier les branches,
Juste le son des chars, pour terminer le
travail,
Juste le son de quelques chants que
j'entendais dans une autre vie.

A la recherche de la lumière :

Le monde s'est révélé parfois cruel,
Mais malgré cela il y a eu de la lumière,
Quand tout semblait vouloir éteindre ma
lumière,
Quand tout semblait devenir noir.
La vie s'est révélée belle avec une dure
réalité,
Les gens d'aujourd'hui ne sont pas ceux
de demain,
Les amis d'un jour ne le sont plus
demain,
Et malgré tout je suis toujours là,
Je retiens mon souffle, je cherche un
peu de lumière alors que je suis dans le
noir.
Je dois sourire toute la journée et faire
semblant,
Pleurer le soir et recommencer,

Je retiens mon souffle, même s'il y a
une petite flamme au fin fond de mon
cœur,
Tu me regardes et me demande si tout
va bien,
Et j'ouvre ma bouche pour te nourrir
d'un nouveau mensonge,
Ce n'est qu'une question de temps
avant de perdre l'esprit,
Ce n'est qu'une question de temps
avant de perdre.

Le temps :

Le temps est un éternel ami, une arme de destruction massive,
Le temps guérit les gens mais les détruits avant,
Je ne suis qu'un humain perdu dans la masse.
L'amour est un éternel ami, une arme de destruction massive,
L'amour n'a pas de notions du temps.
Il y a tant de choses que je n'ai pas eu le temps de dire mais que tu ne sauras jamais.
Je ne suis qu'une ligne d'écriture dans un livre,
On est arrivé en bas de page.
Les amis ne sont pas éternels non plus, certains partent avant,
Où ils étaient déjà partis mais on refusait de le voir.

Je ne peux rien changer juste avancer,
Il y aura bien un autre chemin au bout
de celui-ci.

Rêves de grandeur :

Tu peux promettre de toucher un jour
les étoiles,
Tu peux y arriver,
Tu peux marcher parmi les géants,
Et réaliser des rêves de grandeur.
Tu peux lui promettre, au point d'en
boire tout un océan,
Le temps te rattrapera avant.
Tu peux faire vibrer son cœur,
Il n'y a soit disant plus de soleil,
Alors tu peux au moins faire tomber la
pluie,
Pour cela chante un peu,

Tu peux y arriver.
Tu peux te rendre utile, il y a peut-être
une petite lumière,
Tu peux te rendre utile,
Tu peux continuer, tout ce que je sais
c'est que je peux t'aimer.

Le numéro un :

La vie est un jeu de cartes,
Je sais exactement où je vais,
Quoi qu'il arrive je resterais le number
one.
Les gens tentent de nous faire tomber,
Ils ont un bon jeu de cartes,
Mais faut savoir les redistribuer,
Peu importe la difficulté,
Tu veux m'entraîner vers le bas alors
que je suis déjà tout en haut,
Je te regarde t'éloigner,
Quoi qu'il arrive je sais où je vais,
Je resterais le number one,
Quoi qu'il arrive d'autres ont essayé,
Ils sont déjà tous tombe,
Et je suis pourtant toujours là.

Going through :

You think you are the one making me
suffers,
You think i will be able to go on, and
make it through,
I just want to be with you, and to be the
one who cares about you,
I just want to be your man.
You thought a lot of things,
But you didn't realise you were the one
who always makes me happy.
I don't want to lose you,
Even if you'll keep silence,
My thoughts keep being about you.
Cause you are my sunshine,
And I don't even care if I tell the world
about my feelings for you.

I know you'll be scared, but I can't stay here without a single chance to begin a real story.
You are the one I want,

Le respect du silence :

Le silence est dure, mais il faut savoir le respecter,
J'aurais aimé avoir une chance pour que notre histoire démarre,
Tu es mon étoile, ma petite fleur,
Je ne peux m'empêcher de penser à toi,
Je veux te soutenir quoi qu'il arrive,
Tu sais que je suis sincère avec toi,
Je ne veux pas te faire peur,
Juste l'écouter, et être ton pilier,
Celui qui te rendra heureuse,
Et t'aider à te reconstruire,

Car je ne peux me résoudre à ce que tu sois malheureuse,
Et encore moins à ne pas faire parti de ta vie.

O silêncio :

O silêncio é difícil, mas é preciso saber
respeitá-lo,
Eu gostaria de ter uma chance para a
nossa história começar,
Você é minha estrela, minha florzinha,
Não consigo parar de pensar em você,
Eu quero apoiá-lo não importa o quê,
Você sabe que eu sou sincero com
você,
Eu não quero te assustar,
Apenas ouça e seja seu pilar,
Aquele que vai te fazer feliz
E ajudá-lo a se reconstruir,
Porque eu não posso aceitar você infeliz
E menos ainda para não fazer parte da
sua vida.

La petite flamme :

Pendant des années j'ai fui,
Sans savoir ce que je fuyais.
Pendant des années j'ai couru,
Pour fuir les fantômes de mon passé.

Il y a cette petite flamme dans ma tête,
Qui ne veut pas s'éteindre,
Il y a des voix dans ma tête,
Des vestiges de mes vies antérieures.
J'aimerai fuir l'horizon,
Courir à travers les champs de blés,
Prendre davantage le temps,
Embrasser avec toi nos passés, nos présents,
Et construire notre futur.

When ? :

When did this happen ?
Your soul say no,
Your heart say yes.
You bright like a star upon an ocean,
But you let too many dark clouds enter
your World.
When did this happen?
When the clown takes the throne.
You offered me a smile,
I offered you my World.
You are in my mind,
And you are my reason for happiness.
But I can't insist anymore.

Emporté par le vent :

La fatigue m'emporte peu à peu,
Il y a tout un monde sous mes yeux.
La fatigue m'emporte peu à peu,
Il faut que je débranche mon cerveau.
Avec toi, je me sens mieux,
Nous pouvons retrouver notre chemin,
Aller de l'avant.
Je ne peux pas m'empêcher de penser
à toi,
Et de me dire que demain ira mieux.
Promets moi que je me trompe de
chemin,
Et qu'entre nous il n'y aura pas de
lendemain.
Nous pouvons avancer,
Sans toi dans ma vie,
Elle devient juste plus nulle.
Attends moi, on dansera sous la pluie,
Toi et moi, sous un millier d'étoiles,

On saura mettre de côté notre passé,
Il n'y a rien que je souhaite de plus qu'
être à tes côtés.

Ridiculous :

I might be ridiculous,
To have feelings,
I might be ridiculous,
To feel things,

And you didn't realise,
Someone love you,
But I realise, i can't have a place,
I realise a lot of things.

Le reflet dans le miroir :

On n'est pas celui que l'on voit dans le miroir,
Mais on est celui qui brille dans le regard de l'autre,
Que s'est-il passé ?
Je pensais briller dans ton regard,
Faire fleurir des fleurs dans ton cœur.
Je pensais qu'il était possible de faire des grandes choses,
De faire le tour de la Terre,
De partager nos univers.
Pourquoi je semble m'éteindre dans ton regard ?
N'a t'ont pas la moindre chance d'avancer ?
Je pensais être différent pour toi,
Tu veux avancer de ton côté mais sans moi,

Mais si j'ai eu la moindre importance à tes yeux,
Laisse-moi une chance d'être à tes côtés.

Mirror Reflect :

We are not the one we see in the mirror,
But we are the one who shines in the
eyes of the other,
What happened ?
I thought I was shining in your gaze,
Make flowers bloom in your heart.
I thought it was possible to do great
things,
to circumnavigate the earth,
To share our worlds.
Why do I seem to fade away in your
gaze?
Do we not have the slightest chance of
advancing?
I thought I was different for you,
You want to move forward on your side
but without me,
But if I had the slightest importance in
your eyes,

Give me a chance to be by your side,
Do you dare cross the bridge and join
me?
Please don't be scared of me,
You don't have to be alone.

Enfer et Paradis : certains textes ont été écrits dans différentes langues mais j'ai fais en sorte de mettre leur version française pour celui en portugais notamment.

Je tenais à tous vous remercier pour avoir pris le temps de lire mes textes et je tenais particulièrement à remercier la personne la plus chère à mes yeux qui m'a inspiré pour la majorité de mes textes ici.

A bientôt pour de nouveaux écrits

TP.

www.ingramcontent.com/pod-product-compliance
Lightning Source LLC
LaVergne TN
LVHW052054160826
845678LV00015B/3227

9798812382810